EXEMPLES
DES PRINCIPAUX ÉLÉMENS
DE LA COMPOSITION MUSICALE,
ADDITION AU NOUVEL ESSAI SUR L'HARMONIE,

Par M. BEMETZRIEDER.

Prix 3 liv. & 6 liv. avec le nouvel Essai.

A PARIS,

Chez l'AUTEUR, rue Neuve-Saint-Roch, près celle des Moineaux.
Et chez ONFROY, Libraire, Quai des Augustins, au Lys d'or.

M. DCC. LXXX.

Avec Approbation, & Privilege du Roi.

Je cherche à prouver aux yeux, que la Musique a une Construction; qu'elle a sa *Syntaxe* & sa *Rhétorique*. Une autre fois j'exposerai sa *Poésie*.

AVERTISSEMENT
ET OBSERVATIONS.

JE n'ai fait mon nouvel Eſſai ſur l'harmonie que pour l'Amateur ſtudieux qui voudroit connoître la Muſique, quoiqu'il ne ſoit familiariſé ni avec les notes écrites, ni avec les accords.

Il y a une autre claſſe d'Amateurs, qui, ſans rien connoître aux accords, ſont habitués à voir & à diſtinguer les notes ſur le papier réglé, mais qui ont une peine extrême à les nommer & à les prononcer : pour faciliter à ceux-ci l'étude de la compoſition, j'ajoute à mon nouvel Eſſai les Exemples notés, éclaircis & gravés.

Je prie le Muſicien qui voudra examiner ces Exemples, de lire d'abord les *Obſervations* du préſent *Avertiſſement*, & de ne pas les juger ſans avoir lu le texte de l'Eſſai. On trouvera aiſément l'explication de chaque Exemple ; le livre eſt diviſé en 121 articles, ſans compter l'avertiſſement, l'introduction & la concluſion, & j'indique l'article & la page à la tête de chaque Exemple.

Les Exemples des articles 35, 36, 37, 38, 39, 41, 42, 43 & 44, n'ont rien d'extraordinaire, le premier eſt noté ſans meſure, il repréſente toutes les poſitions de la conſonnance des principaux ſons de la gamme d'*ut* majeur & de *la* mineur pour l'étendue du clavecin à grand ravalement ; 1°. les ſons de la nature 3 à 3, enſemble & ſéparément ; 2°. les ſons de la nature, avec un uniſſon répété, 4 à 4, enſemble & ſéparément. Les ſuivans ſont meſurés, ils repréſentent les mêmes conſonnances, l'intonation des mêmes tons avec des variations de meſures & de batteries.

L'Exemple pour l'article 45 eſt encore meſuré, il repréſente la principale conſonnance, l'intonation des tons qui ont dans leurs gammes les *dieſes* & les *bémols* par nombres impairs.

Les Exemples ſuivans ſont tous notés, abſtraction faite de la meſure & du mouvement; ceux des articles 69, 70 & 71 repréſentent des chaînes générales de tons prononcés par l'intonation des ſons de la nature, ce ſont différens cercles de tons d'*ut* à *ut* & de *la* à *la* par différentes routes; chacun renferme une ſuite de conſonnances dont les poſitions ſont choiſies & ordonnées avec les baſſes dans l'étendue naturelle à l'harmonie; par-tout je concentre la baſſe & la conſonnance dans les 10 lignes horiſontales des clefs de *ſol* & de *fa* : les 22 notes de ces deux portées figurent, avec l'*ut* qui les ſépare, pour les ſons les plus convenables à la marche harmonique.

La barre verticale ne figure plus ici pour ſéparer les meſures, elle ſépare les tons; le nombre de *dieſes* ou le nombre de *bémols*, ou le manque total de *dieſes* & de *bémols* qui ſuit la clef ou les barres verticales, ſpécifie le ton.

La barre verticale double ſignifie la même choſe ici que la barre verticale ſimple; j'emploie la double aprés les deux tons relatifs qui ſe ſuccedent dans quelques-uns de ces Exemples, après les deux modes qui ſe ſuccedent dans la même octave & après les deux tons d'une autre marche uniforme.

L'Exemple pour l'article 72 repréſente une maniere choiſie d'aller d'*ut-dieſe* en *ut-bémol*, & 4 manieres générales d'aller d'un ton à un autre. Ce ſont encore des ſuites de ſimples conſonnances, les tons ſont tout uniment prononcés par leurs intonations, le tout eſt ordonné & noté comme dans les Exemples des 3 articles précédens.

Liſant le texte de l'Eſſai pour les Exemples des articles ſuivans, le Muſicien verra la raiſon de ma maniere d'écrire la conſtruction muſicale; les Obſervations ſont neuves, il a fallu recourir à des ſignes nouveaux. Si je n'ai pas atteint la perfection, je crois du moins avoir posé & developpé les premiers principes de la Syntaxe & de la Rhétorique musicale.

Dans les Exemples des articles 75, 76, 78, 79, 80, 81, 86 & 88, il n'y a encore que des consonnances; mais dans la construction la consonnance n'est pas toujours intonation, elle est tantôt *contraste* & *sollicitation* & tantôt *repos*; souvent plusieurs consonnances appartiennent à la même gamme, deviennent tour-à-tour *repos* & se sollicitent réciproquement.

Les différens repos de la gamme ont des durées inégales, & chacun a ses gradations. Je marque le premier, le principal & le plus grand repos, par des notes rondes; le second par des blanches; le troisieme par des blanches pointées; le quatrieme & le plus foible par des croches. J'indique les gradations de repos par la virgule, par le point, par les deux points & par la virgule & point posés au-dessus des notes de basses.

L'intonation ou la consonnance de la tonique forme le premier & le principal repos de toute gamme; la consonnance de la quinte ou de la dominante est le second repos: les autres consonnances de la gamme sont par fois le quatrieme & le foible repos; les consonnances de la sixte & de la quarte, sollicitées par l'harmonie de la quinte ou de la dominante, font le troisieme repos de la gamme, le repos suspensif.

Toutes les consonnances de la gamme peuvent contraster & solliciter un ou plusieurs repos; je les marque par des notes noires, toutes les fois qu'elles contrastent & sollicitent.

Dans la construction, les repos sont tantôt prononcés & tantôt sollicités; prononcés, ils figurent pour des mots détachés, qui, à eux seuls, expriment un sens; & liés avec les sollicitations, ils composent les phrases du discours.

La barre verticale reçoit ici une nouvelle signification; outre qu'elle sépare ou répete les tons, elle sépare aussi les membres du discours de la construction de l'*Ariette*; la simple fait la nouvelle fonction dans les morceaux fondés sur une seule gamme, & la double la fait pour les morceaux qui sont composés de plusieurs gammes.

A l'aide de ces notions, le Musicien suivra facilement les Exemples des huit articles cités tout à l'heure; il reconnoîtra & distinguera les sollicitations, les repos, leurs gradations, les mots, les phrases & les membres du discours.

Pas plus de difficultés pour lire les Exemples suivans: l'article 101 représente le principal repos, l'intonation de tous les tons, annoncé & sollicité par les trois principales dissonances de la gamme. L'Exemple de l'article 102 est un échantillon de la chaîne générale des tons annoncés & sollicités par les trois principales dissonances de la gamme.

Dans les articles 105 & 106 on reconnoîtra les 4 repos de la gamme; ils sont sollicités par les consonnances & par les dissonances qui *contrastent* assez avec eux, pour exiger, en phrase simple, leur retour. Sans avoir égard ici aux gradations de repos, je considere le premier & le principal comme un repos de *point*; le second, le repos de quinte, comme un repos de *deux points*; le troisieme, le repos suspensif, comme un repos de *point* & *virgule*; enfin, le quatrieme & le plus foible, comme un repos de *virgule*. La suspension est plus variée ici que dans les constructions de pures consonnances; ce ne sont plus les seules consonnances de quarte & de sixte qui suspendent la conclusion, des harmonies étrangeres à la gamme, même des dissonances deviennent repos suspensifs: j'indique & je nombre ces suspensions tant ordinaires qu'extraordinaires.

L'article 107 représente le principal repos sollicité par les dissonances de la gamme; il forme avec elles une phrase finale, simple, double, triple, quadruple, quintuple & progressive: dans l'article 75 le repos final étoit sollicité de la même maniere par les consonnances de la gamme.

L'article 108 représente le repos de quinte sollicité par des dissonances étrangeres à la gamme & formant avec elles des phrases simples & composées.

L'article 110 renferme l'Exemple de la phrase inverse, qui est interrogative ou admirative dans la construction.

Les Exemples des articles 111 & 112 sont des passages de surprise & de transition enharmonique.

L'article 113 renferme trois Exemples de phrases doubles, dont les sollicitations ont une marche extraordinaire.

Le premier Exemple de l'article 114 représente les gradations & les nuances du principal repos sollicité par la dissonance de dominante : je n'ai pas varié le signe, le *point* est posé au-dessus des basses *ut*, *mi* & *sol*; dans la construction je me sers des autres marques de la *ponctuation* pour distinguer ces gradations de repos.

Les deux autres Exemples de l'article 114 sont deux constructions sur la période musicale, elles renferment les nuances les plus agréables & les plus usitées du principal repos.

L'Exemple de l'article 115 est un canevas de discours musical fondé sur les élémens les plus simples de l'harmonie.

L'article 116 expose & explique l'accompagnement de la régle de l'octave.

Le premier exemple de l'article 118 est une troisieme construction sur la période musicale, c'est un tout simple & complet, plus riche en harmonies que les deux derniers Exemples de l'article 114; mais fondé également sur une seule gamme.

Dans les cinq autres Exemples de l'article 118 il regne une grande variété de tons, les harmonies sont ordonnées pour la construction d'*Ariette* & pour celle du *Récitatif*.

Les Exemples de l'article 121 & dernier de l'Essai indiquent l'emploi des harmonies incomplettes & irrégulieres.

La basse & les positions des harmonies sont choisies dans ces Exemples, elles sont toujours ordonnées ensemble dans les trois octaves ordinaires des clefs de *fa* & de *sol*. Si l'étendue de la construction harmonique est limitée, le champ de la mélodie est plus vaste : dans la *partition* l'ordonnance harmonique est concentrée, & souvent les unissons répétés chantent aux extrêmes. Le Compositeur qui veut chanter feroit pourtant très-bien de se rappeller que la nature a mis des bornes par-tout. Parlant de la *Poésie* musicale, je prouverai que l'étendue de la mélodie n'est pas illimitée...

Ayant ces Exemples sous les yeux, le Musicien pourra profiter de mon nouvel Essai, quoiqu'il ne sache pas jouer du clavecin; il aura recours aux notes chaque fois que j'envoie le Lecteur à l'instrument : & l'Amateur qui étudie devant le clavecin fera bien aussi de noter les Exemples & de confronter ses notes avec les miennes, avant que de les essayer sur l'instrument.

Dans l'impression des Exemples de mon nouvel Essai il y a deux fautes graves, je les ai corrigé ici.

Article 81 page 108, la consonnance *fa la ut* est consonnance de quarte, repos de *virgule* & non pas repos *suspensif*; l'harmonie de la tonique le sollicite & non pas celle de la dominante.

Article 118 sixieme Exemple page 257, l'harmonie *mi sol* o *ut-diése*, avec la basse *la-diése*, est sollicitation, exclamation admirative & non pas suspension; le morceau est de la construction du *Récitatif*, les deux premiers repos de la gamme rendent bien tous les repos du *récit*, & les phrases inverses ou les sollicitations non sauvées, expriment les interrogations & les exclamations du *Récitatif*.

Article 35, Page 30.
Article 36
Page 31.
Article 37
Page 32.
Article 38
Page 32.
Article 39
Page 33.

Articles 41, 42, 43 *et* 44; *Pages* 33, 34 *et* 35.

Article 45, Page 35.

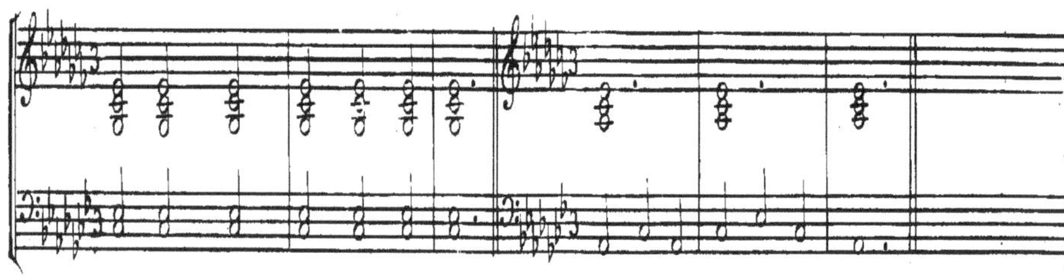

&c. &c. &c.

Article 69, Pages 64—73.

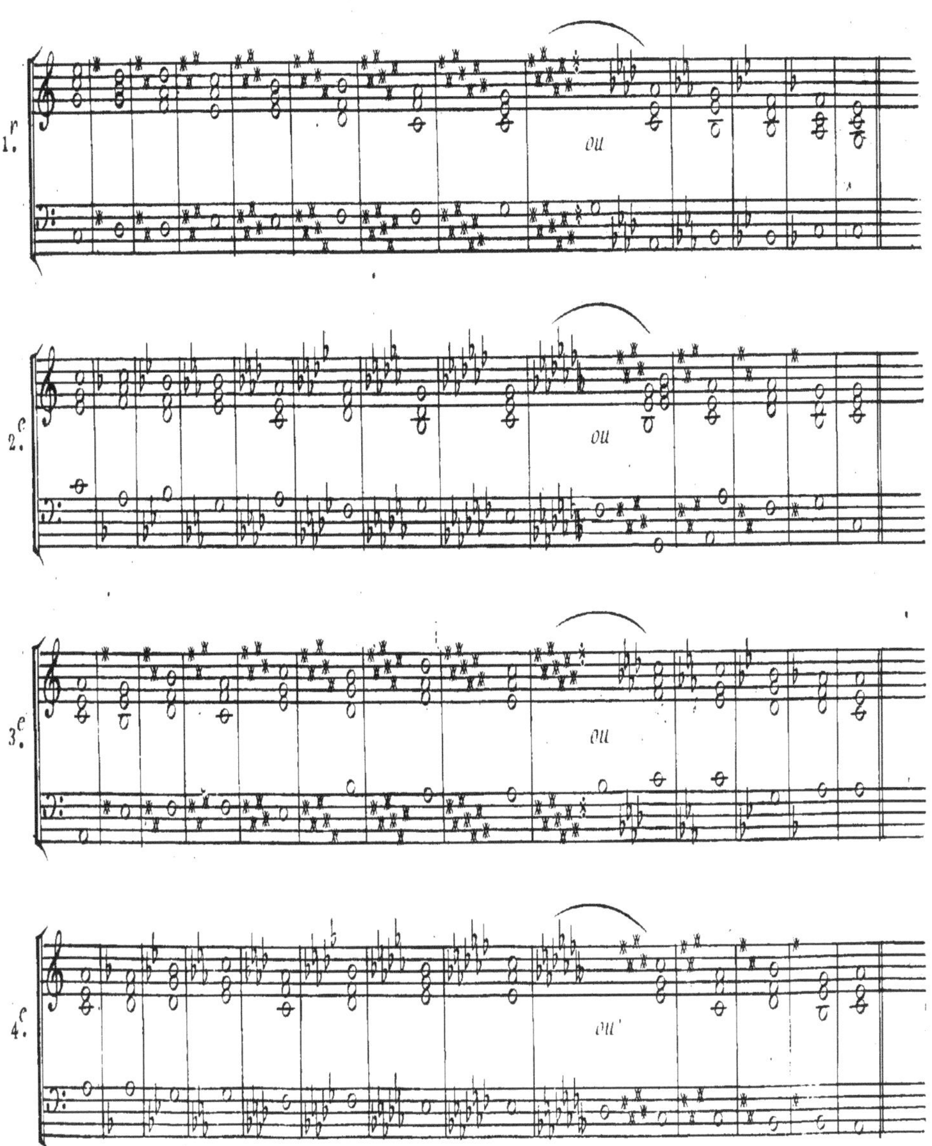

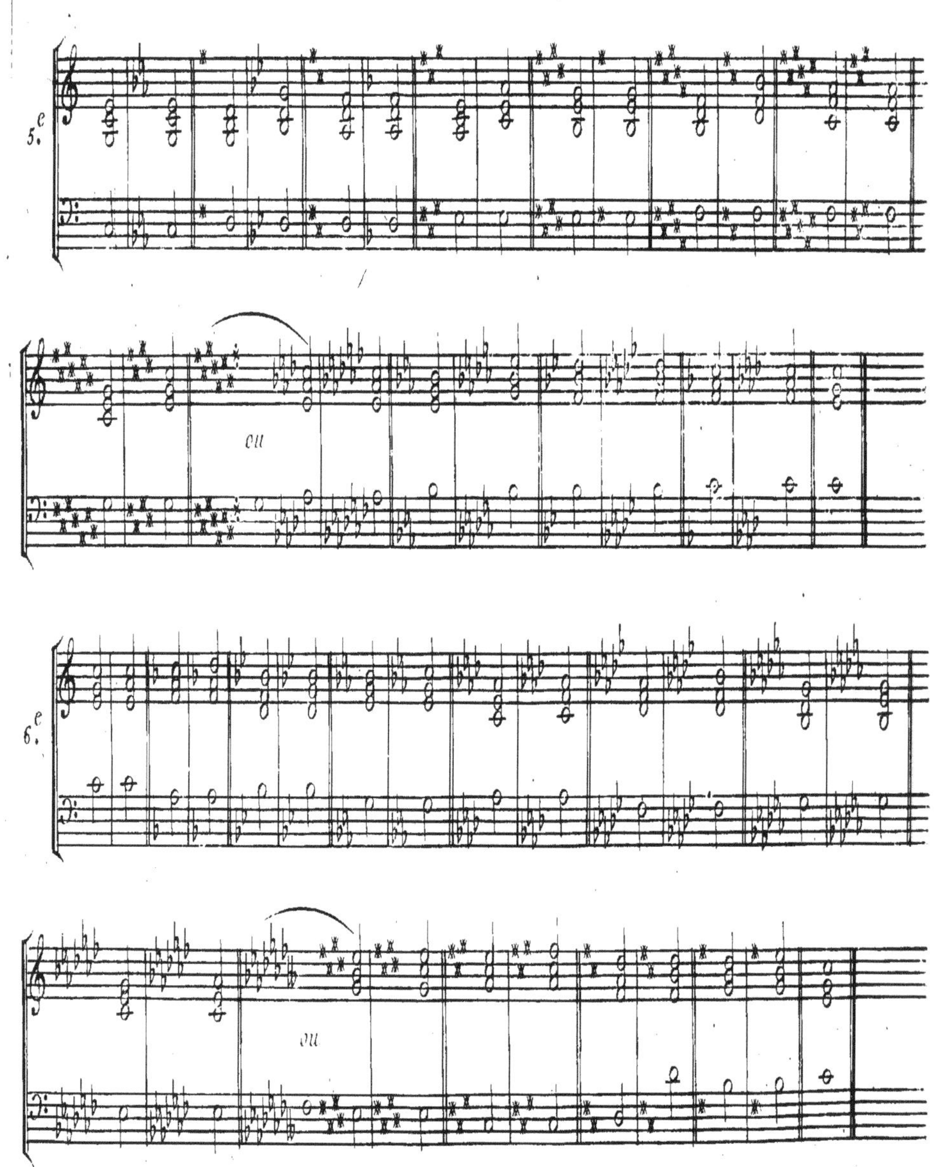
5.e
ou
6.e
ou

Article 70, Page 73.

1.r

2.e 3.e

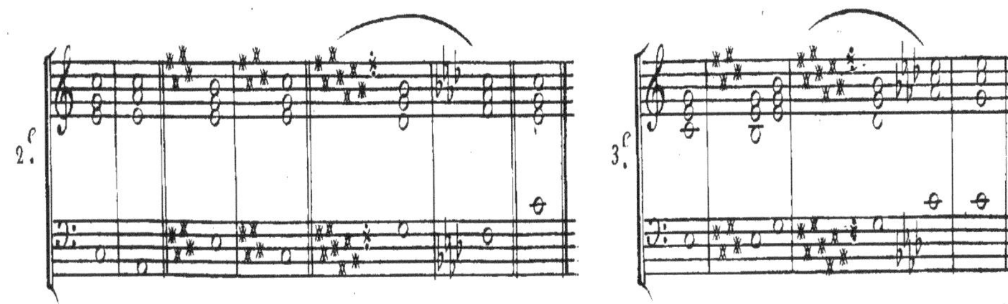

Article 71, Page 76.

1.r 2.e

Article 72, Page 77.

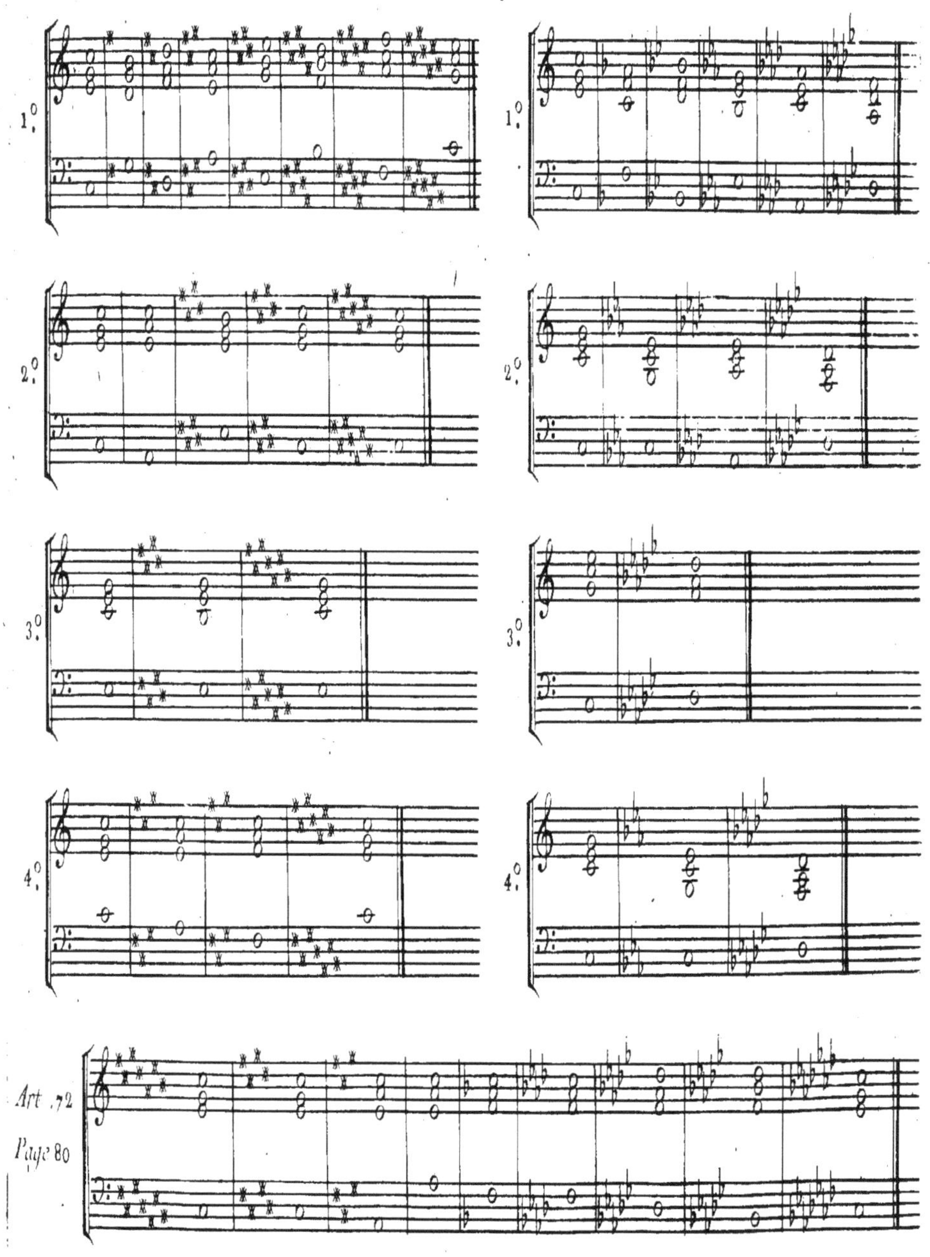

Article 75,
Page 84.
Article 76,
Page 92.
Article 78,
Page 97.
Article 79,
Page 100.
Article 80,
Page 102.

Article 86, Page 116–131.

Art. 86, 2.e
Page 123.
Art. 86, 3.e
Page 129.

Article 88, Pages 133–144.

Article 101, *Pages* 169 — 179.

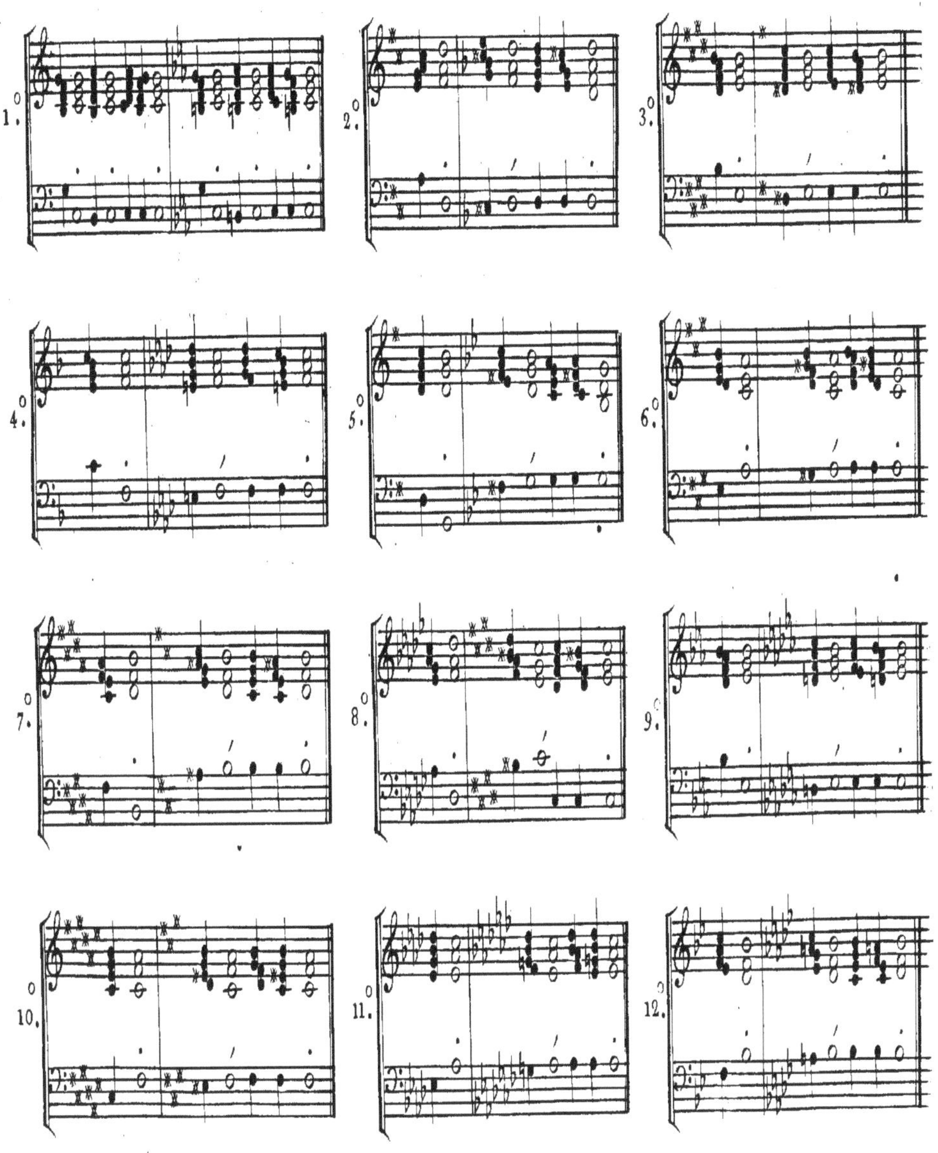

Article 102,
Page 180.
&c
Article 105,
Pages 192—198.
1.°
2.°
3.°

Article 106,
Page 198.
Article 107,
Page 200.
Article 108, Page 202
Article 110, Page 206.
Article 111,
1°.
Page 208.
2°.
Article 112,
Page 212.
Article 113,
Page 218.

Art. 114,
Page 220.
Art. 114, Page 224.
Art. 114,
Page 225.
Article 115
Page 229.
Article 116
1°
Page 233.
2°

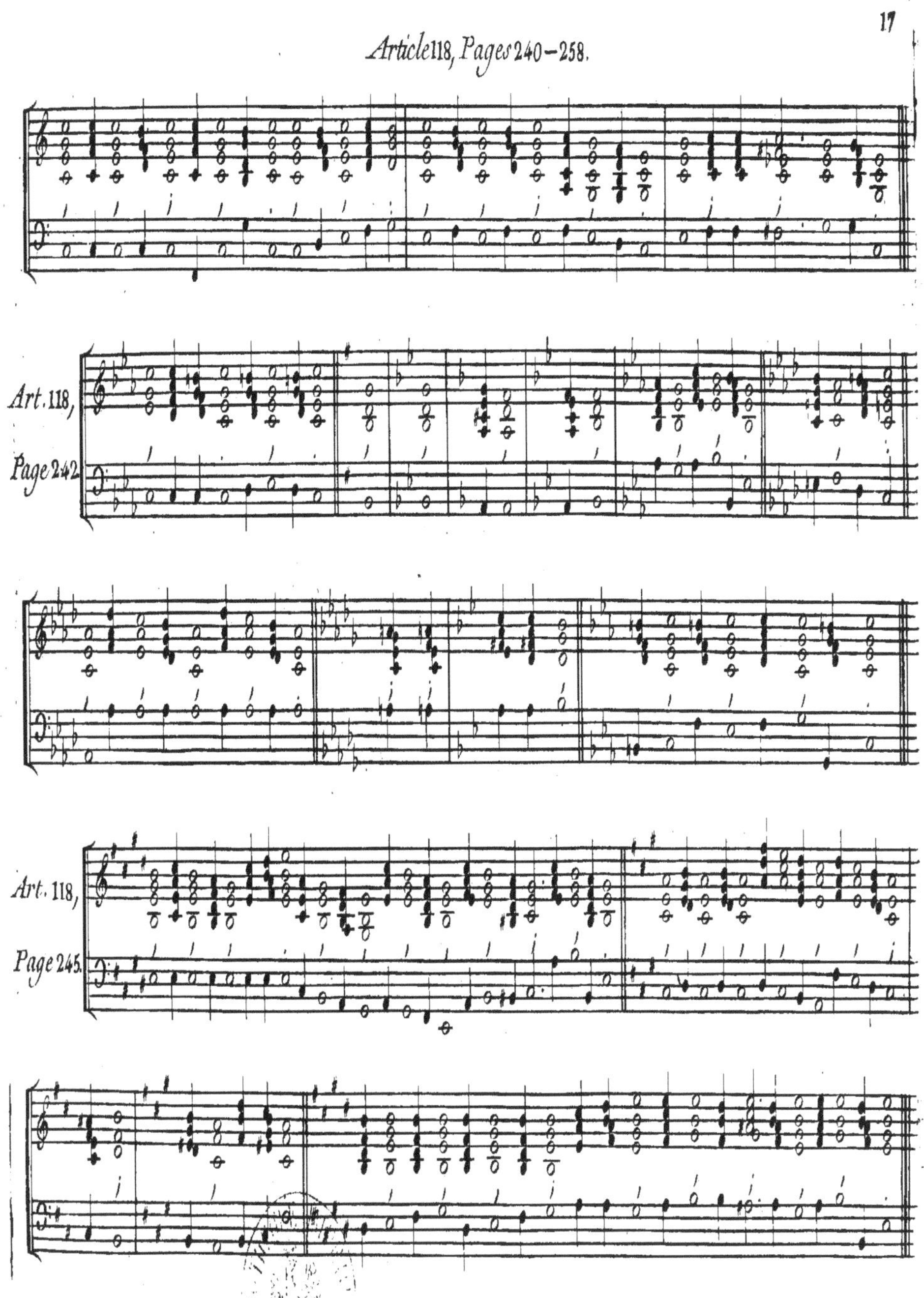
Article 118, Pages 240–258.
Art. 118, Page 242.
Art. 118, Page 245.

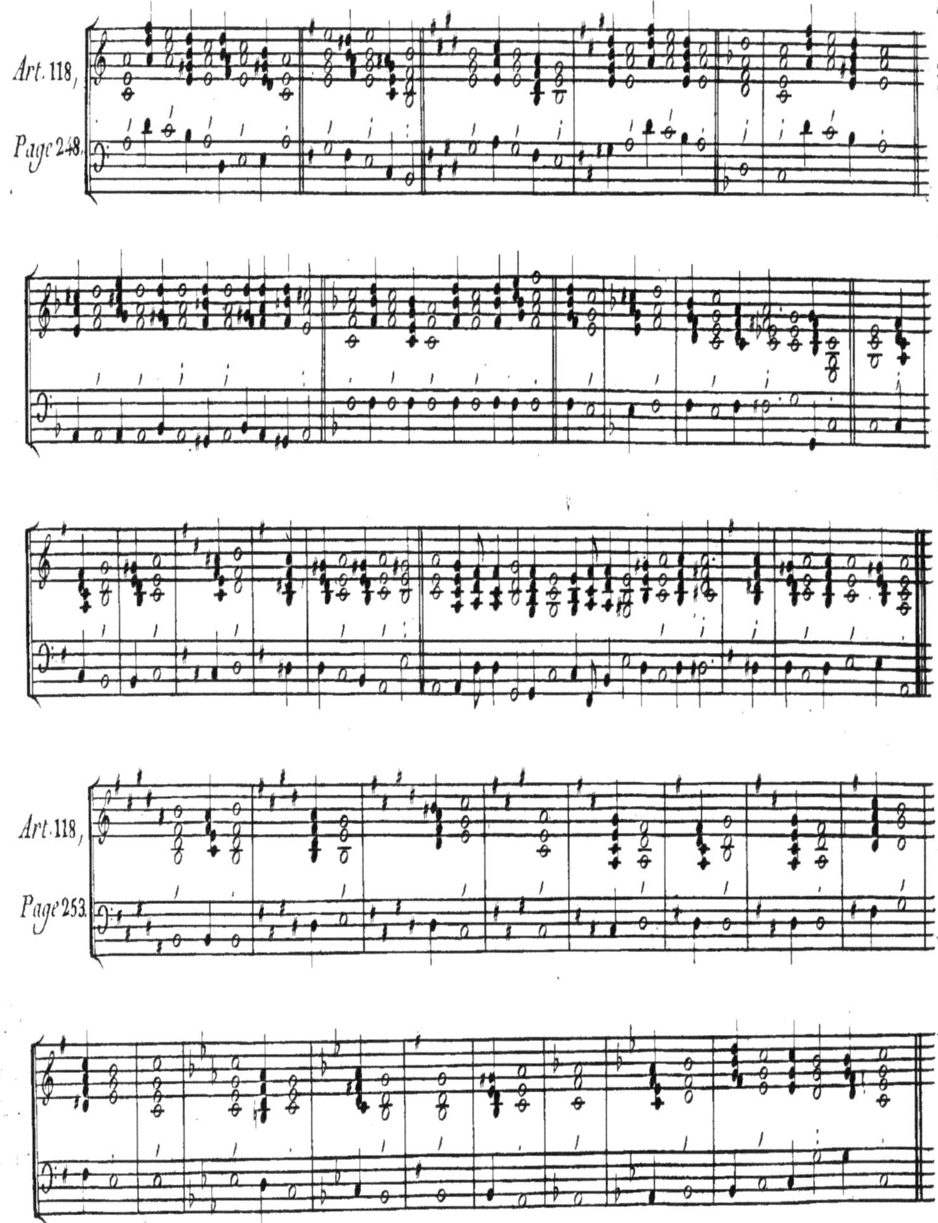
Art. 118,
Page 248.
Art. 118,
Page 253.

Art. 118,
Page 255.
Article 121, Pages 263–280.
Art. 121,
Page 269.
Art. 121, Page 270.
Art. 121, Page 271.

Fin.

Les pages 10, 11, 12, 16, 17, 18, 19 et 20 gravées par Richomme

www.ingramcontent.com/pod-product-compliance
Ingram Content Group UK Ltd.
Pitfield, Milton Keynes, MK11 3LW, UK
UKHW021035260726
13994UKWH00005B/2158